MÉMOIRE

REMIS AU ROI,

SUR LES ÉLECTIONS

DU MOIS D'AOUT 1815,

Par M. le Mis. DE POTERAT,

Chevalier de l'Ordre Royal et Militaire de Saint-Louis, ancien Officier de Marine.

DE L'IMPRIMERIE DE PLASSAN,
Rue de Vaugirard, n°. 17, près l'Odéon.

LETTRE
AU ROI.

SIRE,

L'INTÉRÊT du Souverain est toujours le même que celui de ses Peuples : entre eux le bonheur et le malheur sont communs. Dès-lors, tout ce qui contribue à la prospérité de l'Etat, ajoute d'autant à la satisfaction de VOTRE MAJESTÉ.

Il serait à désirer qu'il en fût toujours de même pour tous les dépositaires de l'autorité !

VOTRE MAJESTÉ, dans sa sagesse profonde, ne peut ignorer que sous un Gouvernement représentatif tout dépend de la bonté des choix, et que les choix ne sont bons qu'autant que

...es réglemens qui déterminent la ʌoʁ...
des élections sont combinés avec prudence et exécutés avec une religieuse fidélité.

Mais, SIRE, si l'influence ministérielle venait à se trouver en opposition avec la rigueur des principes, alors le but de la loi ne serait plus rempli, et aussitôt le désordre commencerait.

C'est ce motif qui m'a décidé à vous adresser le Mémoire joint à cette Lettre : j'espère que VOTRE MAJESTÉ voudra bien accueillir avec indulgence et son extrême bonté, ce faible témoignage de mon respectueux dévouement à sa personne, ainsi que celui de l'intérêt constant que je ne cesserai de prendre à l'honneur de la couronne et à la prospérité de la France.

Je suis avec respect, etc.

Paris, le 13 septembre 1815.

MÉMOIRE
REMIS AU ROI,

Sur les Élections du mois d'août 1815.

———

La France, accablée de calamités, se trouvait au moment de succomber sous le poids de ses maux; ses finances étaient dans le plus déplorable état, sa population considérablement diminuée; aux lois alors existantes succédaient sans interruption des décisions arbitraires, dont l'effet devait nécessairement produire les suites les plus désastreuses; enfin, pour comble d'infortunes, des armées étrangères étaient arrivées aux portes de la capitale.

C'est dans cette situation critique que le chef de la famille des Bourbons vint prendre les rênes de la monarchie.

Ce prince, persuadé que l'ancien Gouvernement de ses ancêtres ne convenait plus à l'état actuel de sa patrie, donna à la France une charte constitutionnelle par laquelle il partagea le pouvoir législatif avec la nation.

En conséquence deux chambres furent instituées : l'une à son choix, l'autre à celui du peuple. Cette dernière eut seule la faculté de voter l'impôt.

Pénétré sans doute de ce grand principe de législation, que nul ne peut imposer ses concitoyens s'il ne paie lui-même une partie raisonnable de cet impôt, le Roi obligea par la charte tout individu nommé à la chambre des députés de payer au moins mille francs de contribution directe, et pour assurer aux élections plus de dignité, la charte voulut également que pour être admis à la fonction d'électeur on en paya au moins trois cents; enfin, pour donner à la chambre plus de splendeur, la charte supprima les traitemens accordés aux membres des anciennes assemblées législatives, chaque député devant être d'ailleurs suffisamment récompensé par la confiance dont il était honoré.

Les circonstances où l'État se trouvait alors, jointes à la nécessité d'avoir une chambre des députés promptement réunie, furent probablement les motifs qui déterminèrent Louis XVIII à maintenir provisoirement celle qui existait à cette époque ; ainsi, par une singularité remarquable, à une chambre illégalement constituée fut confié le travail des réglemens et des formes qui devaient régir celles qui seraient légitimement convoquées par la suite.

Par la charte constitutionnelle les droits de tous les Français parurent être invariablement fixés ; l'espoir commença à renaître dans les cœurs ; on se flatta avec raison de jouir bientôt de cette paix et de cette tranquillité après lesquelles la nation soupirait depuis si long-temps.

Une seule classe de citoyens perdit à ce nouvel ordre de chose : la charte anéantit le reste de la considération que cette classe avait pu sauver à travers les orages de la révolution ; elle ajouta avec résignation ce dernier sacrifice à la multitude de ceux qu'elle avait déjà fait, mais il dut lui paraître d'autant plus douloureux, qu'il lui était imposé par un prince pour la cause duquel elle avait toujours fait les plus grands sacrifices.

Deux mois s'étaient à peine écoulés depuis l'établissement de la charte, que les ministres craignant les effets de la liberté de la presse, voulant sans doute se débarrasser de critiques par fois dangereuses, demandèrent que les lois répressives de cette liberté fussent changées en lois prohibitives; la chambre des députés combattit une prétention contraire à l'ordre de chose qui venait d'être si heureusement établi. Mais quelle résistence pouvait opposer une chambre éphémère, qui n'avait qu'une existence précaire? Elle dut céder, et les agens du pouvoir exécutif obtinrent ce qu'ils désiraient. Des ministres prudens et plus habiles se fussent contentés de demander la suspension de cette liberté qui leur causait tant d'effroi, le résultat eut été le même, mais la charte n'eut pas été attaquée.

On commençait à respirer, déjà on ressentait l'heureuse influence d'un gouvernement modéré, lorsqu'un évènement inattendu replongea la France dans de nouveaux malheurs.

Napoléon sortit de l'île d'Elbe, et vint de nouveau commander à un pays qu'autrefois il avait autant illustré que dévasté. Le Roi fut obligé de céder à l'orage, et d'aller chercher un asile dans une terre étrangère.

Je ne parlerai pas de cet intervalle de tems où la société bouleversée, les lois méconnues, les institutions renversées, ne présentaient à l'œil étonné qu'un effrayant cahos, précurseur ordinaire des plus grandes calamités.

Des revers firent échapper une seconde fois le sceptre des mains de Napoléon ; l'orage s'appaisa, et Louis remonta de nouveau sur le trône de ses ancêtres.

Une crise aussi violente, quoique si promptement terminée, dut laisser après elle de tristes vestiges ; elle fit renaître cet esprit de parti, ces opinions opposées, qui se roidissant les unes contre les autres, s'exaspèrent mutuellement, et fomentent sans cesse les divisions les plus préjudiciables à la prospérité d'un État.

Le roi, digne descendant de Henri, par un effet de sa grande ame, pardonna généreusement à ceux qui l'avaient offensé ; et si quelques coupables furent exceptés, ce fut sans doute à regret qu'il se vit obligé de mettre des bornes à une clémence que son devoir et la sûreté de l'État auraient désapprouvés.

Après ce bel exemple de modération, bien fait pour être imité, Louis sentant combien il était nécessaire de rétablir l'ordre dans son royaume, de contenir les partis et de protéger la sûreté individuelle, ordonna que la charte constitutionnelle fût remise en vigueur; par ce moyen les droits de chaque citoyen se trouvant de nouveau consacrés par la loi, ce prince devait espérer avec raison que le tems, qui détruit les impressions les plus profondes, calmerait peu à peu les haines particulières, et ferait bientôt d'un peuple naguère divisé, un peuple de frères, d'amis, enfin de véritables Français.

Une conduite aussi sage, en rassurant les esprits inquiets, ne pouvait manquer de leur inspirer la plus entière confiance; malheureusement tous les ministres ne profitèrent pas de cette leçon de leur maître.

La charte constitutionnelle fut à peine rétablie, cet acte que le Roi avait si solennellement promis d'observer, cet acte qui devait garantir l'existence et le bonheur de

tous les Français, qu'il fut attaqué de nouveau, et qu'il le fut jusque dans ses fonde-
mens; un ministre osa changer la forme pres-
crite pour les élections, et par là détruire
la dignité et l'indépendance nationale.

Que dirait la nation anglaise, si jalouse
de sa liberté, si un ministre se permettait
un pareil délit? Elle ne manquerait pas de
demander la punition du téméraire qui aurait eu la hardiesse d'attaquer une constitu-
tion dont depuis tant d'années elle éprouve
les plus heureux effets.

Quel respect peut-on avoir pour les lois,
si ceux qui sont chargés de les faire exécu-
ter sont les premiers à les enfreindre ?

Quelle dut être l'affliction de tous les bons
Francais, lorsqu'un arrêté du Gouvernement,
en date du 13 juillet 1815, signé du baron Pasquier, ministre par intérim du département
de l'intérieur, leur fit connaître le mode qui
devait être employé pour les élections, afin
de parvenir à la formation d'une nouvelle
chambre des députés.

Par cet arrêté les membres des anciens
colléges électoraux d'arrondissement et de
département, dont une partie considérable

ne payait pas la quotité de la contribution directe fixée par la charte, furent chargés d'élire les députés de la nouvelle chambre; par une seconde infraction à la loi, à cette dernière chambre devait être donné la révision de tous les articles de la charte concernant la représentation nationale.

Quel pouvait être le but du ministre en faisant un pareil arrêté? Ne semblait-il pas s'adresser aux colléges électoraux en ces termes? « Membres des colléges électoraux, » voici la dernière fois qu'une portion consi-» dérable d'entre vous siége dans ces assem-» blées, hâtez-vous donc de réunir vos efforts » pour élire des députés, qui, pénétrés de » vos intérêts, profitent des facilités que je » leur donne, afin d'anéantir des dispositions » qui vous sont contraires, et que la charte » avait dû prendre, par égard pour la dignité » de la représentation nationale. »

Une seconde disposition du même arrêté, peut-être plus dangereuse encore, diminue l'âge fixé par la charte pour être élu député. Quelle imprudence! dans un moment où les têtes, en proie aux plus vives agitations, ont tout au plus acquis à l'âge déterminé par la loi le degré de maturité qu'exigent des circonstances aussi critiques; dans un moment où l'importance des objets qui vont être soumis aux délibérations de la chambre, peut autant influer sur la prospérité de l'État !

Enfin une troisième disposition de ce même arrêté autorise les membres des colléges électoraux à siéger à l'âge de vingt et un ans accomplis, comme s'il était possible qu'il pût y avoir des électeurs de cet âge, ne s'étant fait aucun remplacement dans les colléges depuis à peu près trois ans, et la loi qui existait alors obligeant les assemblées cantonales à ne fixer leurs choix que sur des individus ayant l'âge de majorité, c'est-à-dire vingt et un ans : cette dernière disposition était le prélude des nouvelles infractions qu'on devait encore faire à la charte.

En effet, un second arrêté du Gouvernement, du 21 juillet, signé par le même ministre, nous annonce plus clairement les intentions de cet agent du pouvoir exécutif.

Ce second arrêté, donnant aux préfets la nomination d'une quantité considérable de membres des colléges électoraux d'arrondissement et de département, semble même les inviter, aux termes du premier arrêté, à étendre leurs choix jusqu'à cet âge peu avancé, si facile à entraîner à la moindre impression. Etait-il convenable de nommer à des places d'électeur, des jeunes gens sans expérience, au préjudice de vieux citoyens, qui, mûris par les années, eussent été plus difficiles à influencer ou à séduire? Etait-il possible de commettre un plus grand abus d'autorité que d'accorder à un préfet, déjà si favorisé par les avantages de sa place, une aussi grande prépondérance dans les élections? Ne pouvait-il pas, au moyen des nombreuses nominations que l'on mettait ainsi à sa discrétion, disposer à son gré des votes des assemblées? Quels avantages le Roi et l'Etat retireraient-ils d'une chambre de députés composée en grande partie des préfets du royaume ou de leurs créatures? Quelle confiance devait inspirer des fonctionnaires publics, qui, redoutant la vengeance d'un ministre, n'oseraient s'exposer à perdre un emploi auquel était attaché presque toute leur existence? Enfin, si le Gouvernement eût voulu admettre tous les préfets à la dignité de députés, n'eût-il pas mieux valu qu'il les eût nommé lui-même, plutôt que de leur donner une influence si préjudiciable à la liberté des élections? Le pouvoir exécutif n'avait-il pas assez d'avantage dans ces élections, puisque la loi laissait à sa nomination les présidens des colléges électoraux, et lui fournissait ainsi le moyen de faire connaître indirectement les choix qui lui convenaient ?

Quelle confusion ne régnerait-il pas dans le Gouvernement , si le pouvoir exécutif s'emparait des attributions du pouvoir législatif? Quelle serait la stabilité des lois? Sur quoi reposerait la sûreté des citoyens? Que deviendrait la charte constitutionnelle que le Roi nous a accordée avec tant de solennité; pourrait-elle exister un seul jour dans son intégrité ?

Le gouvernement représentatif est, sans aucun doute , le plus vicieux de tous les gouvernemens, lorsque ses formes cessent d'être strictement observées. En effet, le souverain n'étant plus retenu par aucune considération, peut s'abandonner aux abus d'autorité les plus crians, sans même en supporter l'odieux, puisqu'il lui est si facile de le rejeter sur les deux autres portions de la puissance législative. Des inconvéniens encore plus graves auraient lieu si le souverain venait à perdre son autorité légitime, car alors l'Etat tomberait infailliblement dans l'anarchie. Le gouvernement de Napoléon nous démontre évidemment la première partie de ce principe; qui pourrait douter de la seconde, en jettant les yeux sur les commencemens de notre révolution ?

M. Pasquier, pour autoriser un arrêté qui détruisait si évidemment la liberté des élections, et par conséquent la représentation nationale, s'appuie sur l'article 27 du sénatus-consulte du 16 thermidor an 10 (1). Ce ministre, accoutumé aux mesures du gou-

(1) Article 27 du sénatus-consulte du 16 thermidor an 10.

Le premier Consul peut ajouter aux colléges électoraux d'arrondissement dix membres pris parmi les citoyens appartenant à la légion d'honneur, ou qui ont rendu des services à l'Etat.

Il peut ajouter à chaque collége électoral de département vingt citoyens, dont dix pris parmi les trente plus imposés du département, et les dix autres, soit parmi les membres de la légion d'honneur, soit parmi les citoyens qui ont rendu des services.

Il n'est point assujetti par ces nominations à des époques déterminées.

vernement de Napoléon , ne devait pas ignorer combien cette multitude de lois, souvent
contradictoires, enfantées pendant les crises
de notre révolution, avait servi à ce gouvernement oppresseur pour légitimer ses dispositions les plus arbitraires. Mais voyons
s'il lui est même possible d'appliquer l'article 27 du sénatus-consulte du 16 thermidor
an 10 à la justification de son arrêté. Par cet
article , le premier Consul se réserve d'ajouter aux colléges électoraux d'arrondissement
dix membres pris parmi les citoyens appartenant à la légion d'honneur, ou qui ont
rendu des services à l'Etat; il se réserve
également la faculté d'ajouter au collége
électoral de département vingt membres ,
dont moitié choisie parmi les trente plus imposés du département , et les autres d'une
manière analogue à ce qui était prescrit pour
les colléges d'arrondissement. Cette faculté
réservée par celui qui alors gouvernait l'Etat,
pouvait-elle être comparée , pour ses consé-
quences , à ces nominations encore plus
nombreuses laissées à la disposition des préfets qui, ayant la facilité de s'en servir pour
leurs propres intérêts, étaient dans le cas

d'en faire un fort mauvais usage : le ministre, d'ailleurs, avait-il oublié qu'à cette époque les fonctions des colléges électoraux se bornaient à désigner un certain nombre de candidats dont la nomination définitive appartenait entièrement au sénat.

Enfin, une instruction publiée par ordre du ministre de l'intérieur et adressée aux présidens des colléges électoraux, paraît mettre le comble à ces abus.

Effectivement, peut-on voir rien de plus singulier qu'un avertissement donné aux membres de ces colléges, par lequel ils sont prévenus de ne pas s'en rapporter entièrement à la liste des citoyens éligibles pour émettre leurs votes, attendu l'inexactitude de cette liste et les omissions qu'elle peut renfermer : pourquoi cette inexactitude ? pourquoi ces omissions ? Pourquoi, à l'imitation du préfet de la Seine (1), n'avoir pas enjoint à tous les citoyens qui auraient eu la prétention d'être portés sur la liste des éligibles, de se faire inscrire au chef-lieu de leur département, après avoir préalable-

(1) Arrêté du préfet de la Seine, du 19 juillet 1815.

ment justifié de leur droit pour être admis à la dignité de député ? Certes, une liste dressée d'après des documens aussi authentiques aurait eu toute l'exactitude nécessaire, et sa publication n'eut rien laissé à désirer ; on n'aurait pas eu à se plaindre d'omission à laquelle on aurait donné lieu par sa négligence ; mais cette exactitude était-ce réellement ce que l'on voulait ?

Une autre disposition de cette même instruction manifestait clairement le désir que l'on avait d'atténuer l'article de la charte constitutionnelle, qui exigeait que la dignité de député ne puisse être conférée qu'à un citoyen payant au moins mille francs de contribution directe ; c'était, sans doute, dans cette intention qu'on y donnait ces facilités, dont la loi ne parlait pas, pour transporter les impositions du père ou de la mère aux enfans, celles de la belle-mère aux gendres, etc., etc., espèces de mesures qui, portant avec elles l'empreinte de la fraude, ne pouvaient manquer d'inspirer les plus justes soupçons. Cette répartition d'imposition présentait en outre un inconvénient des plus graves : une famille riche et nombreuse aurait pu employer ce moyen pour faire nommer un grand nombre de ses membres à la chambre des députés , et par là acquérir une influence nuisible à la liberté des délibérations, et quelquefois très-dangereuse pour l'Etat.

Par quel motif M. Pasquier semble-t-il vouloir écarter des affaires publiques cette caste de citoyens dont j'ai déjà parlé ; est-ce ainsi que devrait être traitée cette antique noblesse, ce corps jadis dépositaire de l'honneur national, si recommandable par son attachement sans bornes à la famille de ses anciens souverains ; enfin, ce corps qui avait rendu tant de services à l'Etat.

Ses membres rentrés dans leur patrie peu avant l'époque du sénatus-consulte du 16 thermidor an 10, n'avaient pas encore eu le tems de rétablir leur fortune pour entrer dans les colléges électoraux de leurs départemens ; d'ailleurs, eut-il été prudent pour eux de se mettre en évidence sous un gouvernement méfiant, qui les voyait alors d'un œil défavorable : plusieurs négligèrent même de se faire nommer à des assemblées dont les opérations ne convenaient pas à leur manière de voir.

Au moment où, remplis de zèle pour leur prince légitime, ils devaient désirer de faire partie de ces colléges, afin de contribuer par la bonté de leurs choix à la prospérité de l'Etat, était-il convenable de les en éloigner, ou au moins de les mettre dans l'obligation de solliciter l'agrément d'un préfet pour y être admis, tandis qu'aux termes de la charte, leur fortune et leur considération personnelle leur en eussent donné le droit.

Pourquoi mortifier de cette manière une classe de citoyens depuis si long-tems persécutée ? Peut-elle faire ombrage avec les vains titres qu'elle a conservés ? Et si cela était, ne vaudrait-il pas mieux l'abolir tout à fait ? Alors confondue avec le reste de la nation, peut - être perdrait-elle enfin cette tache originelle qu'elle doit à sa naissance, Que dirait le bon Henri s'il voyait les descendans de ses anciens compagnons d'armes traités avec aussi peu de ménagement ?

J'ignore quelle sera l'issue des élections qui viennent de se faire, mais de quelque

2 *

manière qu'elles se terminent, les formes vicieuses que l'on y a employées ne sauront jamais obtenir l'approbation de la partie éclairée de la nation.

Le ministre invoquera peut-être l'urgence des circonstances ? Et moi aussi je l'invoquerai.

Si dans tous les tems, l'observation de la loi est nécessaire au bonheur et à la stabilité des états, à plus forte raison cette observation doit-elle être regardée comme indispensable lorsqu'ils se trouvent dans une situation aussi critique que la nôtre ; c'est pendant des crises aussi difficiles que les institutions doivent être maintenues avec le plus de vigueur ; ce n'est que par ce moyen salutaire que nous pouvons espérer sortir de la dangereuse position où nous sommes actuellement, la moindre négligence à cet égard ne manquerait pas d'avoir les suites les plus funestes.

Si les ministres avaient jugé que la formation des nouvelles assemblées électorales des départemens demandait un tems considérable, pourquoi donc n'ont-ils pas procédé à cette formation dès l'instant où la charte constitutionnelle a été proclamée ; car enfin le Roi pouvait, aux termes de cette charte, se servir de la faculté qu'elle lui donnait pour dissoudre la chambre des députés, alors quel moyen les ministres auraient-ils employé pour la renouveler ? Pourquoi mettent-ils actuellement tant de lenteur à réunir une assemblée dont les opérations paraissaient cependant devoir commencer si incessamment ?

Mais cette perte de tems ne peut pas même être alléguée par le ministre ; en effet, il eut été extrêmement facile de se procurer avec promptitude, dans chaque département, la liste des individus payans trois cents francs de contribution directe, en invitant les citoyens qui auraient désiré faire partie de cette liste, de se faire inscrire au chef-lieu de leur arrondissement, après avoir toutefois justifié de leur droit à cette inscription ; il n'eut pas fallu quinze jours pour terminer cette opération dans tous les arrondissemens. Peut-être objectera-t-on que plusieurs citoyens auraient négligé de se faire porter sur cette liste ; hé bien ! quel inconvénient y aurait-il eu que ces citoyens apatiques et insensibles à la position malheureuse de leur patrie, eussent été privés par cette circonstance de l'honneur de faire partie d'une assemblée dont ils n'auraient pu d'ailleurs qu'alimenter les cabales par leur nullité.

Quelle crainte devait-on concevoir de la convocation des assemblées primaires, surtout en mettant en usage la même précaution qui par exemple avait eu lieu lors de la tenue de celles du mois de mai dernier, c'est-à-dire, en les réunissant le même jour dans tous les départemens ; par ce moyen, chaque citoyen occupé de son intérêt particulier n'aurait pas eu le tems de s'immiscer dans celui des autres ; enfin quels troubles auraient pu occasionner des assemblées primaires que tant de troupes étrangères auraient d'ailleurs eu un si grand intérêt à réprimer !

N'aurait-on pas eu tout le tems nécessaire pour former ces assemblées électorales, du 13 juillet au 14 août, et même jusqu'au 22, puisqu'alors les élections préparatoires des colléges électoraux d'arrondissement eussent cessé d'avoir lieu.

Au résumé, que conclure de ces infractions multipliées faites à la formation de la représentation nationale, si ce n'est que le ministre craignant l'influence d'un corps, qu'une composition légale eût rendu trop redoutable à ses yeux, avait voulu prendre des mesures, non seulement pour en diminuer la dignité, mais encore pour mettre la majeure partie de ses membres à sa disposition; sans songer qu'en servant ainsi ses intérêts, il pouvait par ce moyen occasionner la ruine entière de son pays.

Quelle confiance peut inspirer un gouvernement nouveau dont les effets ne sont pas connus, quand les ministres en respectent si peu les institutions ? Certes on se rappelle encore très-bien que Napoléon n'est arrivé à cet empire absolu, qui a causé sa ruine, qu'au moyen de sénatus consultes qu'il faisait et annulait selon ses desseins. Qui aurait pu prévoir jusqu'où nous eût conduit cette complaisance pusillanime du sénat; ne devait-on pas s'attendre que, de sénatus consulte en sénatus consulte, nous fussions parvenus à vivre sous des lois semblables à celles qui régissent les États les plus despotiques de l'Asie ?

Le Roi, ignorant les abus commis dans les élections, croira voir dans la nouvelle chambre des députés les notables de son royaume, il n'y verra que le résultat des brigues de tous les départemens.

Les malheurs où nous sommes plongés obligeront d'augmenter considérablement l'impôt ; le citoyen, accablé sous le poids de ces taxes nouvelles, payera sans doute, parce qu'à la force il n'y a pas de résistance ; mais avec quelle résignation supportera-t-il des charges si onéreuses, lorsqu'elles seront établies par des représentans qu'il n'aura pas nommé.

Le Roi trouvera-t-il dans ces députés, si illégalement élus, ces citoyens vertueux, qui, animés du zèle le plus louable, veille-raient sans cesse avec le Chef de l'état à tout ce qui pourrait contribuer à sa prospérité ? trouvera-t-il parmi eux ces censeurs rigides, qui, pénétrés de l'importance de leurs devoirs, s'opposeraient avec fermeté à toute espèce d'abus, et qui même, si le cas arrivait, ose-raient généreusement dénoncer à l'opinion publique les malversations d'un ministre, en attendant que le Prince en fasse justice.

Ce ne sera cependant qu'avec une cham-bre ainsi composée, que la nation, dignement représentée, concourra avec le plus entier dévouement à seconder les vues bienfaisantes de son Monarque, que les intrigues cesseront, les factions s'éteindront, et que la France véritablement régénérée pourra se flatter d'arriver à ce bonheur qui fait l'objet de tous ses vœux.

Né gentilhomme, ma naissance et les préjugés de l'éducation guidèrent mes opinions. Au moment de la révolution, à peine entré dans le monde, je me livrai, comme tous mes concitoyens, à cet esprit d'exaltation qui fit tant de mal à mon pays ; plus heureux que la plupart de mes compatriotes, j'employai le tems de nos plus grandes calamités à parcourir les régions les plus éloignées. L'âge et l'expérience acquise dans mes voyages ont calmé des idées qu'alimentait le feu de la jeunesse. Je rentrai en France à la fin de 1801, avec l'intention d'y vivre en repos, étranger à tous les partis. Je recueillis les débris de ma fortune, encore suffisans pour m'assurer une existence indépendante. Je n'ai point servi Napoléon ; je l'aurais fait si je l'avais cru utile à mon pays ; si je servais les Bourbons ce ne serait pas par intérêt, mais pour la même cause et par attachement pour la famille de nos anciens souverains. Je suis bon Français ; j'ai toujours conservé pour mon pays la plus tendre affection. Si dans ce moment j'ai pris la plume, c'est uniquement par dévouement pour lui.

Puisse cet écrit arriver jusqu'à notre vertueux Monarque ! puisse-t-il lui faire connaître les abus qui viennent de se commettre ! Puisse enfin ce prince sage et éclairé, de concert avec la partie saine de la nation, confondre les intrigans, qui ne songeant qu'à leurs intérêts, comptent pour rien le bonheur de leur patrie.

FIN.